Mögen sie auch nur Atem sein,
die Worte – meine Zunge
wird sie unsterblich machen.

Sappho

Philosophinnen-Sprüche

Leben braucht Leidenschaft

ausgewählt und mit
einem Vorwort versehen von
Barbara Brüning

VERLAG FÜR DIE FRAU
BUCH

ISBN 3-89798-076-2

2. Auflage

Einband: Christine Paxmann
Repro, Satz und Typografie:
J-J-Design
Druck: Klingenberg Buchkunst Leipzig
Buchbinderische Verarbeitung:
Müller Buchbinderei GmbH Leipzig
Printed in Germany

Inhalt

Nachdenken über
wichtige Lebensprobleme

Die philosophische Tradition hat sich seit ihren Anfängen im 6. Jahrhundert v. Chr. immer wieder mit der Frage beschäftigt, wie Menschen ein sinnvolles Leben führen können. Berühmte Philosophen wie Platon oder Immanuel Kant suchten in ihren philosophischen Schriften nach vielfältigen Antworten.

In der Philosophiegeschichte haben sich jedoch auch Philosophinnen zu Wort gemeldet und Vorschläge für eine gute Lebensführung unterbreitet. Viele ihrer Werke gingen verloren, wie z.B. die Schriften von Aspasia von Milet, über deren

Größe Platon in seinem Dialog „Menexenos“ berichtet. Andere Denkerinnen wie z.B. Sappho oder Karoline von Günderode haben ihre Reflexionen in ein literarisches Gewand gehüllt. Wiederum andere wie Luise Otto-Peters waren philosophisch-publizistisch tätig. Hannah Arendt und Martha Nussbaum z.B. veröffentlichten ihre philosophischen Gedanken wie ihre männlichen Kollegen auch in einer wissenschaftlich-systematischen Form.

Spätestens seit Ernst Cassirers Schrift „Philosophie der symbolischen Formen“ wissen wir, dass es viele kreative Formen des Philosophierens gibt, die bisher leider nicht alle einer philosophisch-systematischen Forschung zugänglich waren und sind. Besonders die Schriften von Philosophinnen wurden erst seit den 70er Jahren systematisch erforscht und veröffentlicht. Seitdem entstanden auch zahlreiche Publikationen, die sich ausschließlich mit dem Wirken von Philosophinnen beschäftigen.

Die vorliegende Sammlung von aphoristischen Reflexionen internationaler Philosophinnen über die verschiedenen Facetten des Lebens möchte Neugier wecken.

Denn die Gedanken der hier präsentierten Denkerinnen sind es wert, einen ausführlichen Blick in ihre Werke zu werfen.

Die Sammlung will darüber hinaus die Bandbreite des philosophischen Denkens über Lebenskunst und -weisheit von Frauen vorstellen. Viele der ausgewählten Gedanken können uns auch heutzutage helfen, über Probleme des eigenen Lebens intensiver nachzudenken.

Die Aphorismen der Philosophinnen folgen nicht bestimmten Epochen der Philosophiegeschichte, sondern gliedern sich nach inhaltlichen Facetten unseres Lebens. Dennoch wurden Vertreterinnen aus der gesamten Tradition von der Antike über das Mittelalter bis zur Neuzeit und Gegenwart ausgewählt. Die Auswahl beschränkt sich nicht nur auf Westeuropa, sondern schließt auch Philosophinnen aus Osteuropa ein.

Was alle Philosophinnen auszeichnet, sind ihre Leidenschaft am Denken sowie die Verbindung zwischen Philosophie und Leben, was auch im Untertitel dieses Buches zum Ausdruck kommt.

Sinnvoll und glücklich leben

Leben ist Kampf

Ein herrliches Leben ohne zu kämpfen wird für nützliche Dinge sehr träge.

Mechthild von Magdeburg

Lebenssinn

Niemand kann ohne Sinn leben; findet er keinen, erfindet er einen, sonst erhebt sich das Medusenhaupt der Sinnlosigkeit, vor dem jedes menschliche Leben erstarrt und stirbt.

Eleonore Kühn

Ein sinnvolles Leben

Ein sinnvolles Leben besteht
darin, dass man Dinge tut,
die man gern tut,
und persönliche Beziehungen
zu anderen Menschen hat.

Ursula Wolf

Maßlosigkeit

Die Maßlosigkeit hat
weder im Himmel noch auf Erden
eine richtige Heimat,
weil jeder ihrer Schritte
ins Ungewisse führt.

Hildegard von Bingen

Lob den Musen

Die Musen gaben mir mein
Leben, und wenn ich sterbe,
werde ich niemals mehr
vergessen werden.

Sappho

Der freie Wille

Jedes vernunftbegabte Geschöpf
hat einen eigenen Weinberg,
das ist der Weinberg seiner Seele,
in welchem der Wille
mit seiner Entscheidungskraft
in der Zeit Arbeiter ist,
nämlich so lange das Leben währt.

Katharina von Siena

Umwege

Man bewältigt Gebirge,
und man stolpert über einen Stein.

Gertrud von Le Fort

Stimmungen

Stimmungen sind auf der einen
Seite positive Gefühle wie Glück,
Zufriedenheit, auf der anderen
Seite negative Gefühle wie Trauer,
Verzweiflung, Überdruss.
In ihnen erfährt der Einzelne
sein Leben als sinnvoll, geglückt
oder sinnlos, leer.

Ursula Wolf

Das Prinzip der Freiheit
Die Freiheit besteht darin,
alles tun zu können,
was anderen nicht schadet.

Olympe de Goug

Die Muse
Wie leb ich nur mit dieser Last,
die sie MUSE nennen;
sie sagen: man liegt mit ihr im
Gras,
sie sagen: Göttliches Lallen,
die Muse beutelt einen
schlimmer als Cholera,
und dann kommt wieder ein Jahr
lang kein Ton.

Anna Achmatow

Schweigen

Je lauter unsere Welt wird,
je tiefer scheint Gott zu
schweigen. –
Schweigen ist die Sprache der
Ewigkeit,
Lärm geht vorüber.

Gertrud von Le Fort

Schönheit

Die Schönheit ist der
äußere Ausdruck
des erreichten Gleichgewichts
mit sich selbst.

Karoline von Günderode

Der Einzelne und die Gemeinschaft

Der Einzelne lebt, fühlt, handelt als Glied der Gemeinschaft, und sofern er das tut, lebt, fühlt und handelt die Gemeinschaft in ihm und durch ihn.

Edith Stein

Koketterie

Die Koketterie war mir immer interessant; sie ist zugleich das geistreichste Spiel und die größte Übung für den Geist; man gehört sich dadurch an, ohne sich selbst zu verlieren.

Karoline von Günderode

Mythos

Mythen sind, solange sie leben, zeitlos; das Zeitliche ist ihr Tod.

Agnes Heller

Schlemmerei

Die Schlemmerei richtet in den Gesinnungen der Menschen mit trügerischem Aufwärtsstreben den Eigensinn auf.
Sobald solche Leute ihren Bauch vollgeschlagen haben, beginnen sie, gleich als ob sie nun vor lauter Schätzen überflössen hochmütig zu werden.

Hildegard von Bingen

Fünf Sünden des Lebens
Begehrlichkeit in der Armut,
Verlogenheit in der Wahrheit,
Trägheit in der Barmherzigkeit,
höhnischer Spott im Leben,
in der Ordnung Nachlässigkeit.
Diese fünf unvollkommenen
Dinge machen das Leben schwer
krank.

Mechthild von Magdeburg

Mode
In Geschmackssachen ist die
Mode eine störende Ursache,
auch ihr Reich ist nicht
von langer Dauer.

Sophie Germain

Bildung

Ein gebildeter Mensch ist nicht
der, den die Natur verschwende-
risch behandelt hat;
ein gebildeter Mensch ist der,
der die Gaben, die er hat,
gütig, weise und richtig und
auf höchste Weise gebraucht.

Rahel Varnhagen von Ense

Kinder entwickeln sich

Wir fassen das Kind als ein bild-
sames, entwicklungsfähiges Wesen
auf, als einen weichen Ton, der
sich kneten, bilden und gestalten
lässt.

Clara Zetkin

Wissbegierde

Ein Kind, das nicht wissbegierig ist und sich einfach auf die Antwort verlässt, die man ihm auf seine Frage gibt, verfällt bald einer lähmenden Trägheit des Geistes, der sich auch später nur selten abschütteln lässt.

Mary Wollstonecraf

Liebe und Freundschaft

Liebe

Es ist nichts so weise,
noch so heilig, noch so schön,
noch so stark,
noch so vollkommen –
wie die Liebe.

Mechthild von Magdeburg

Liebesglück

Gleich den Göttern scheint mir
der Mann beglücket,
Der dein schönes Aug' in der Näh'
erblicket,
Süß dich lächeln sieht, sanft,
zu dir gekehret.

Sappho

Große Liebe

Die mächtige Zauberin „große Liebe“, die mit beglückenden leuchtenden Farben unser graues Dasein schmückt, geizt mit ihrem Zauberstab den menschlichen Herzen gegenüber.
Millionen von Menschen haben nie die Allmacht ihrer beglückenden Glut erfahren.

Alexandra Kollontaj

Plötzliche Liebe

Die plötzlich entfachte Liebe
aus Übermacht ist die,
die niemand zu deuten vermag.

Mechthild von Magdeburg

Freie Liebe

Die freie Liebe kämpft gegen zwei unvermeidliche Hindernisse: die Impotenz der Liebe, die das Wesen unserer zerrissenen individualistischen Welt ausmacht, und andererseits gegen das Fehlen der für wirkliche Seelenerlebnisse unerlässlichen Muße.

Alexandra Kollontaj

Beständige Liebe

Von der beständigen Liebe
aus guten Sitten
wird keine Falschheit gelitten.

Mechthild von Magdeburg

Leidenschaften

Leidenschaften sind es,
die man von Gott erbitten sollte,
falls man ihn um etwas zu bitten
wagte…

Margaret Cavendish

Liebe ist grenzenlos

Das Schönste, das man erleben
kann, ist,
da, wo man so verheerend liebt,
gebraucht zu werden mit allem,
was man schenken kann.
Dann gibt es überhaupt keine
Grenzen der Kraft mehr.

Gertrud Bäumer

Was Liebe vermag

Der Teufel kann alles gewähren,
nur keine Liebe.

Gertrud von Le For

Erotische Kameradschaft

Unsere Zeit zeichnet sich durch
das Fehlen der Liebeskunst aus.
Die Menschen verstehen es
durchaus nicht, helle, leuchtende,
beflügelnde Beziehungen zu
unterhalten;
sie kennen nicht den Wert der
„erotischen Kameradschaft“.

Alexandra Kollontaj

Liebe verbindet

Ist's nicht ein altes Sprüchlein:
Liebe die Welt überwindet?
So sei' s Liebe, die uns der Sache
der Freiheit verbindet.

Luise Otto-Peters

Menschenliebe

Wer Eltern und Geschwister
oder auch nur die Haustiere
nicht lieben gelernt hat,
findet selten zu großer
Menschenliebe.

Mary Wollstonecraft

Mutterliebe

Ich bin in einer Kultur geboren,
in der die Frauen nicht in der
Liebe zur Mutter unterwiesen
wurden.
Und doch ist dies das wichtigste
Wissen und Können, ohne das es
schwierig ist, den Rest zu
lernen und in irgendetwas
originell zu sein.

Luisa Muraro

Freundesschelte

Ich soll meine Gefährten
nie schelten,
außer wegen unbereuter Sünde.

Mechthild von Magdeburg

Männer lieben anders

Männer können zu gewissen Zeiten ihres Lebens leidenschaftliche Liebhaber sein. Es gibt aber keinen einzigen unter ihnen, den man als einen großen Liebenden ansprechen könnte. Selbst in ihrem heftigsten Überschwang geben sie sich nicht völlig auf.

Simone de Beauvoir

Freundschaft

Ein Freund ist mir bei seinem Leben, was mir die Grammatik ist; stirbt er, so wird er mir zur Poesie. Ich wollte lieber von meinem besten Freund nichts wissen, als irgendein schönes Kunstwerk nicht kennen.

Karoline von Günderod

Liebeskraft

Die Liebe ist eine Kraft,
die sich in dem Maße vermehrt,
als man Gebrauch von ihr macht.

Alexandra Kollonta

Das Gefühl der Freundschaft

Das Gefühl der Freundschaft
gibt mir zu erkennen, dass das
Sein des Anderen für mich ein
Wert ist, dass es mich in
meinem eigenen Sein betrifft,
ob es ihm gut geht.

Ursula Wolf

Bedingungslos lieben

Die Gottesliebe
ist unbedingte Liebe.
Ein Menschenwesen
in Gott lieben heißt,
es bedingungslos lieben.

Simone Weil

Liebe zu den Kindern

Meiner Tochter habe ich
den Namen Kleis gegeben,
das Gold einer Blume,
und nicht für Krösus Reich
noch für anderes würde
ich sie jemals hergeben.

Sappho

Leben heißt Liebe

Unser Leben heißt Liebe,
und nicht mehr lieben
heißt nicht mehr leben.

George Sand

Moral ziert
den Menschen

Tugend
Tugend lässt sich nur durch die Erfüllung der entsprechenden Pflichten erreichen.

Mary Wollstonecraf

Tugend und Göttlichkeit
Tugend ist das Ziel, nach dem die Millionen Geister, die den ungemessenen Raum bewohnen, ringen zur Vollendung und zur Göttlichkeit.

Karoline von Günderode

Tugend und Wissen

Tugend, die sich nicht auf Wissen gründet, wird stets nur so etwas wie geistlosen Anstand hervorbringen können.

Mary Wollstonecraft

Sittsamkeit

Wohl keine Tugend mischt sich so freundlich mit allen anderen wie die Sittsamkeit.

Mary Wollstonecraft

Gehorsam als Tugend

Der Gehorsam
ist die höchste Tugend.

Simone Wei

Tradition

Die Vergangenheit, die Autorität
über uns beansprucht,
weil auf diese Weise Dinge getan
werden, ist Tradition.

Seyla Benhabib

Gewissen

Ein gutes Gewissen gibt es nur als
Abwesenheit eines schlechten.

Hannah Arendt

Das Böse ist eintönig

Das Böse ist die schrankenlose Freiheit und darum ist es eintönig.

Simone Weil

Gut und Böse

Mit seinem Wissen
um Gut und Böse
besitzt der Mensch
die Gottesliebe
und die Gottesfurcht.
Mit beiden Fähigkeiten
nehme er einen Pflug
in die Hand
und lasse seinen Acker
fruchtbar werden.

Hildegard von Bingen

Geopferte Tugend

Die Tugend, die der Leidenschaft geopfert wird,
hinterlässt eine Spur in der Seele,
die angesichts der zerstörerischen Folgen zur Achtung nötigt.

Mary Wollstonecraft

Weibliche Vernunft

Die zivilisierten Staaten legen seit ihrer Gründung der Kultivierung weiblicher Vernunft fast unüberwindliche Hindernisse in den Weg – obwohl sie das einzige Fundament der Tugend ist.

Mary Wollstonecraft

Vorschrift für das Gute

In uns herrscht ein tiefes Gefühl
für Einheit, Ordnung und Eben-
maß, das unseren Urteilen zum
Führer dient.
Durch dieses finden wir in der
Moral die Vorschrift für das Gute,
in Verstandesangelegenheiten
die Erkenntnis des Wahren,
in den Dingen der Unterhaltung
die Eigenschaften des Schönen.

Sophie Germain

Tugend und Charakter
Ein bescheidener Mensch ist standhaft,
ein demütiger furchtsam
und ein eitler anmaßend.

Mary Wollstonecraft

Anteilnehmen
Seltsam, am Unglück ihrer Mitmenschen nehmen die Leute viel bereitwilliger Anteil als am Glück.

Simone de Beauvoir

Gedanken
sind das Salz
des Lebens

Denken

Denken ist Graben
und mit einem Senkblei messen.
Viele Menschen haben keine
Kräfte zum Graben
und andere keinen Mut und
Gewohnheit,
das Blei ins Tiefe sinken zu lassen.

Rahel Varnhagen von Ense

Geist

Einen kurzen Augenblick nur
wohnt unser Geist
in einer vergänglichen Hülle.
Man muss das äußerste daraus
machen.

Claire Goll

Verstand und Phantasie

Während der Verstand
die Tiefe der Natur untersucht
und nach den wahren Ursachen
natürlicher Vorgänge forscht,
schafft die Phantasie aus sich selbst
heraus, was immer ihr gefällt.

Margaret Cavendish

Weisheit

Die Dummheit findet an sich
selbst Behagen,
die Weisheit kann nie genug
erfragen.

Mechthild von Magdeburg

Philosophie als Abstraktion

Die Philosophie ist die abstrakteste aller Disziplinen;
man kann über etwas sprechen,
ohne es sehen zu müssen.

Sarah Kofmann

Philosophen

Wahre Philosophen sind jene,
die auf die Freiheit des anderen
den Zwang ausüben,
mehr in die Tiefe zu dringen.

Jeanne Hersch

Geistesfalle
Manchmal kann die Philosophie
auch eine Falle für den Geist sein.

Luisa Muraro

Philosophie und Frauen
Die Philosophiegeschichte auf
Orte hin zu durchsuchen,
an denen von Weiblichkeit die
Rede ist, heißt, sie gegen ihren
Strich zu bürsten.

Cornelia Klinger

Philosophen und Verantwortung
Der Philosoph muss wieder wie die ersten Griechen lernen, mit dem ganzen Leben zu philosophieren, und Verantwortung zu tragen und zu spüren.

Elfriede Walesca Tielsch

Streben nach Erkenntnis
Denken, Wollen, Handeln und Glauben vollenden sich, so könnte man sagen, im Genießen, denn ohne ein Gefühl der Lust wird das Streben nach Erkenntnis und Wahrheit zu einer staubtrockenen Sache.

Annemarie Pieper

Philosophie

Philosophie ist die Schönheit des Denkens, sie beurkundet die Würde des Menschen, der sich mit dem Ewigen und Unsichtbaren beschäftigen kann, wiewohl alles Rohe seiner Natur ihn davon entfernt.

Germaine de Staël

Philosophen und Macht

Der Philosoph, der in die Öffentlichkeit eingreifen will, ist kein Philosoph mehr, sondern ein Politiker; er will nicht mehr nur die Wahrheit, sondern Macht.

Hannah Arendt

Die Kunst des Wortes

Gold rostet,
Stahl verwest zu Staub,
Marmor zerbröckelt;
alles ist bereit zum Tod.
Am dauerhaftesten auf Erden
ist die Trauer.
Es überlebt:
das königliche Wort.

Anna Achmatowa

Frauen sollten kämpfen

Mann und Frau

Gott hatte den Mann stark
geschaffen,
schwach aber das Weib,
dessen Schwäche
die Welt hervorbrachte.

Hildegard von Bingen

Die neue Frau

Die zeitgenössische Frau
ist anspruchsvoll,
sie sucht und fordert Beachtung
ihrer Persönlichkeit, ihrer Seele.
Sie fordert Achtung vor ihrem Ich.
Despotismus erträgt sie nicht.

Alexandra Kollontaj

Der Segen der Welt
Die Welt kann zwar durch die Kraft des Mannes bewegt werden; gesegnet aber im eigentlichen Sinne des Wortes wird sie immer nur im Zeichen der Frau.

Gertrud von Le Fort

Frau werden
Man kommt nicht als Frau
zur Welt,
man wird es.

Simone de Beauvoir

Kluge Frauen

Für brav und harmonisch
halte ich aber jene Frau,
die klug und maßvoll ist.
Eine solche wird nicht nur
gegen den Mann wohlwollend
sein, sondern auch gegen ihre
Kinder.

Periktyone

Die Achtung der Frau

Die Achtung der Frauen ist immer
die glorreiche, moralische
Kehrseite des „Frauenhasses"
der Männer.

Sarah Kofmann

Schönheit und Schweigen

Die Venus von Milo hat am Ende
nur deshalb ihre Reputation als
schönste der Frauen
durch Jahrhunderte bewahren
können, weil sie schweigt.
Würde sie den Mund auftun,
wäre vielleicht der ganze
Charme zum Teufel.

Rosa Luxemburg

Der Wunsch Frau zu sein

Der Wunsch, stets Frau zu sein,
zeigt genau das Denken,
das dem weiblichen Geschlecht
die Würde nimmt.

Mary Wollstonecraft

Missgunst
Diejenigen Männer,
die Frauen aus Missgunst
verleumdet haben,
sind Kleingeister,
die ihnen an Klugheit und
Vornehmheit überlegenen
Frauen begegnet sind.

Christine de Pizan

Frauen als Wächter
Frauen sind gegenwärtig,
nicht nur im Rahmen der Familie,
sondern für die ganze Welt,
die Wächter über die Geschichte
menschlicher Bindungen.

Carol Gilligan

Die Frau als Objekt
In den Augen ihres Ehemanns
besitzt die Frau einen
dreifachen Objektstatus:
Sie ist ein Instrument
des sozialen Aufstiegs,
unter Umständen ein Gegenstand
der Zerstreuung
und ein Bauch, von dem man
Besitz ergreift.

Elisabeth Badinter

Mann und Frau sind verschieden

Mann und Frau sind, wohin wir auch blicken, nicht nur verschieden, sondern ergänzen einander so gut, dass sie zusammen beinahe allmächtig sind.

Elisabeth Badinter

Weibliche Eigenart

Je mehr die Frau als gleichberechtigt hinaus ins Leben tritt
und Gelegenheit hat,
ihre Persönlichkeit zu entfalten,
um so mehr wird sich ihre
weibliche Eigenart entwickeln.

Clara Zetkin

Die Frau als Mutter

Die Einstellung der Frau
geht auf das Lebendig-Persönliche
und auf das Ganze.
Hegen, hüten und bewahren,
nähren und im Wachstum
fördern:
das ist ihr natürliches
echt mütterliches Verlangen.
Das Tote, die Sache
interessiert sie in erster Linie,
soweit sie dem Lebendig-
Persönlichen dient.

Edith Stein

Zum Guten begabt

Ich sehe die Zeit kommen,
da man starke und zu allem Guten
begabte Geister nicht mehr
zurückstößt, nur weil
es sich um Frauen handelt.

Teresa von Avila

Recht und Unrecht

Gerechtigkeit als Streben
Die Gerechtigkeit ist das Streben
in der Vereinzelung
untereinander gleich zu sein.

Karoline von Günderode

Gerechtigkeit
Die einzige Aufgabe der
Gerechtigkeit besteht darin,
zu urteilen, zu schlichten
und Frieden nach dem gerechten
Verdienst eines jeden zu stiften.

Christine de Pizan

Autorität

Autorität ist die fraglose
Anerkennung seitens derer,
denen Gehorsam abverlangt wird;
sie bedarf weder des Zwanges,
noch der Überredung.

Hannah Arendt

Ungerechtigkeit

Eine Ungerechtigkeit zu beheben
bedeutet, eine neue zu schaffen.

Judith N. Shklar

Sinn für Ungerechtigkeit

Wenn es darum geht, seinen
eigenen Sinn für Ungerechtigkeit
als gültig zu erklären,
sind wir unsere eigenen Richter.

Judith N. Shkla

Opfer

Es ist unmöglich, Opfer zu
charakterisieren.
Sie sind einfach Leute, die zur
falschen Zeit
am falschen Ort
in der falschen Gesellschaft waren.

Judith N. Shklar

Revolution

Die Revolution eines Menschen
ist nicht immer auch die
seines Nachbarn.

Simone Weil

Ungerechtes Universum

Solange wir den Glauben
an eine gerechte Welt aufrecht
erhalten können,
ist selbst ein ungerechtes
Universum erträglicher
als ein sinnloses.

Judith N. Shklar

Heilmittel gegen Ungerechtigkeit

Ein Grund, warum es kein Heilmittel gegen Ungerechtigkeit gibt, liegt darin, dass selbst ziemlich rechtschaffene Bürger keines wollen. Dies ist nicht darauf zurückzuführen, dass wir uns einig darüber sind, was ungerecht ist, sondern auf mangelnde Bereitschaft, den Frieden und die Ruhe aufzugeben, den die Ungerechtigkeit bieten kann und bietet.

Judith N. Shklar

Streit

Der Streit ist ein schlechtes Übel.
Er liebt nicht die Eintracht,
flieht vielmehr die Geduld.
Er gleicht das Unrecht nicht aus,
sucht vielmehr nur zänkische
Menschen und ermuntert sie
zum Streiten.
Auch duldet er nicht, dass man
friedfertig redet,
da er immer schnell zum Reden
bereit ist und jedermann
mit zänkischen Worten angreift.

Hildegard von Bingen

Gleichheit der Menschen
Der Missbrauch der Macht
steht für den Beweis, dass
je mehr Gleichheit unter den
Menschen herrscht,
desto mehr Tugend und Glück
in der Gesellschaft zu finden
sein werden.

Mary Wollstonecraft

Aufgaben des Staates
Der Staat sollte die Menschen
davor schützen,
in ihren Lebensläufen
dauernd auf Tragödien zu treffen.

Martha Nussbaum

Gerechtigkeit um jeden Preis
Dass Wahrheit und Politik miteinander auf Kriegsfuß stehen, lässt sich immer noch am besten an dem alten lateinischen Wort erläutern, das sagt: „Fiat iustitia, et pereat mundus" – Es herrsche Gerechtigkeit, möge auch die Welt darüber zugrunde gehen.

Hannah Arendt

Gehorsam

Da die Mehrheit bis zum
Ertragen von Leid und Tod
gehorcht und die Minderheit
befiehlt, ist es unwahr,
dass die Zahl eine Kraft ist.

Simone Weil

Glück und Wahrheit

Glücklich sein
Es fiele leichter, glücklich zu werden, wenn die Menschen ihrem Tun Überlegungen und einen Plan für die Vorgehensweise vorausgehen ließen.

Emilie du Châtelet

Lotterie
Lotterien sind, trotz ihrer scheinbaren Fairness,
zutiefst fatalistisch.
Sie umgehen die Ungewissheiten, die in jeder Überlegung und Wahl liegen.

Judith N. Shklar

Dem Glück vertrauen
Der Mensch muss dem Schicksal
und dem Glück vertrauen.

Margaret Cavendish

Unglück
Das große Rätsel
des menschlichen Lebens
ist nicht das Leiden,
sondern das Unglück.

Simone Weil

Wahrheit
Wir sind geschaffen,
die Wahrheit
in dieser Welt zu leben.

Rahel Varnhagen von Ense

Innere Freiheit

Wer innerlich wirklich reich und frei ist, kann sich doch jederzeit natürlich geben und von seiner Leidenschaft mit fortreißen lassen, ohne sich untreu zu werden.

Rosa Luxemburg

Leiden an der Wahrheit

Die Wahrheit verstößt man
durch Geringschätzigkeit;
die sie lieben, leiden mit Jesus
viel Verächtlichkeit.

Mechthild von Magdeburg

Vollkommene Wahrheit

Vollkommen wahr
ist nur das Ewige,
das keinem Wechsel der Zeiten
und Zustände unterworfen ist.

Karoline von Günderode

Wahrheitssucher

Seit eh und je haben
die Wahrheitssucher
und Wahrheitssager
um das Risiko
ihrer Unternehmung gewusst.

Hannah Arendt

Zwei Gesichter der Lüge

Die Lüge ist das Laster der Unmenschlichkeit.

Hildegard von Bingen

Lüge

Die Lüge ist außen schön,
und innen hässlich gesponnen.

Mechthild von Magdeburg

Menschenliebe

Man kann die Menschen nur richtig verstehen, wenn man sie liebt.

Rosa Luxemburg

Vernunft und Glück

Die Vernunft muss immer
die Fäden in der Hand halten,
denn wer vernünftig sagt,
meint glücklich. Zumindest in
meinem Wörterbuch.
Man braucht Leidenschaften,
um glücklich zu sein.

Emilie du Châtelet

Eigene Grundsätze bilden

Es braucht einen starken Geist,
um sich eigene Grundsätze
zu bilden.

Mary Wollstonecraft

Nie vorschnell urteilen
Man soll nie mit seinem Urteil über Menschen fertig werden; sie können einen immer noch überraschen, im schlechten, aber gottlob auch im guten Sinne.

Rosa Luxemburg

Der Mensch
ist von Natur aus gut

Mittelpunkt der Welt
Kaum begann der Mensch,
über sich selbst nachzudenken,
setzte er sich in das Zentrum
des Universums.

Annemarie Pieper

Zeuge im Universum
Für das Universum ist es wohl
etwas Einzigartiges,
den Menschen zum Zeugen zu
haben. Er ist etwas anderes
als eine Nachtigall, eine Raupe
oder eine Kuh.

Jeanne Hersch

Verwandtschaft mit Gott

Das Geheimnis unserer
Verwandtschaft mit Gott
muss in unserer Sterblichkeit
gesucht werden.

Simone Weil

Die gute Natur des Menschen

Der Mensch ist von Natur aus gut.
Es liegt allein am Menschen,
wenn er seine Natur
in ihr Gegenteil verkehrt.

Hildegard von Bingen

Das Verhältnis Mensch und Tier
Die Vorstellung, dass man Tiere
nicht unnötig quälen sollte,
hindert die wenigsten von uns
daran, das Fleisch von Tieren
zu essen.

Ursula Wo

Der Mensch braucht Zwecke
Fatalismus dient nur als Ruhe-
kissen für alle Feigen, Faulen,
für alle Zweideutigen.
Man soll nicht vergessen,
dass der Mensch mit seinen
höheren Zwecken wächst.

Clara Zetkin

Die Gaben des Menschen

Wir wissen aufgrund täglicher
Erfahrung,
dass der Mensch nicht nur
ein einfaches Naturfragment ist;
seine höchsten Eigenschaften –
Wille, Verstand, Glaube –
vollbringen jeden Tag eine Art
Wunder.

Simone Weil

Lohn der Natur

Den Lohn für Mühe und Arbeit
zahlt die Natur selbst,
der Lohn ist Fruchtbarkeit.

Hannah Arendt

Das lachende Tier
Der Mensch wird nicht umsonst
das „lachende Tier“ genannt;
der Humor ist sicherlich
eines der hervorstechendsten
Merkmale, das uns von fast allen
Lebewesen unterscheidet.

Martha Nussbaum

Mensch und Tier
Nicht indem der Mensch
sein Leben hergibt,
sondern indem er es wagt,
erhebt sich der Mensch
über das Tier.

Simone de Beauvoir

Homo faber

Alles Herstellen ist gewalttätig, und Homo faber, der Schöpfer der Welt, kann sein Geschäft nur verrichten, indem er Natur zerstört.

Hannah Arendt

Die Bestimmung des Menschen

Der Mensch lebt dreifach:
tierisch, dies ist sein Verhältnis
zur Erde,
menschlich, dies ist seine
Beziehung zur Menschheit,
geistig, dies ist seine Beziehung
zum Unendlichen, Göttlichen.

Karoline von Günderode

Wünsche an den Menschen

Mit der Bosheit deiner Feinde
sollst du geziert werden,
mit den Tugenden deines Herzens
sollst du geadelt werden,
mit deinen guten Werken
sollst du gekrönt werden.

Mechthild von Magdeburg

Vier Dinge der Seele

Du schmeckst wie eine Weintraube,
du duftest wie ein Balsam,
du leuchtest wie die Sonne,
du bist ein Wachstum Gottes
höchster Liebe.

Mechthild von Magdeburg

Seele und Tugend
Eine gute Seele muss
mit dem Mantel der Tugend
umhüllt werden.

Katharina von Siena

Die Seele lässt sich führen
Eine Seele,
die sich ganz und gar
der Leitung eines Führers
allein unterwerfen will,
geht weit irre, wenn sie sich nicht
einen aussucht,
der dazu geeignet ist.

Teresa von Avila

Der Mensch als Idee
Wenn die Gegenstände,
welche wir sehen,
und die Wesen, welche wir lieben,
nichts weiter sind als das Werk
unserer Ideen:
so muss der Mensch selbst
als der große Ehelose der Welt
betrachtet werden.

Germaine de Staël

Mensch sein
Ich weiß keine Rezepte
zu schreiben,
wie man Mensch sein soll,
ich weiß nur wie man's ist.

Rosa Luxemburg

Der Mensch als Schöpfer
Erst die Entdeckung der Bronze
hat dem Menschen gestattet,
in der Probe harter Arbeit
sich als Schöpfer zu entdecken;
nun, da er die Natur beherrscht,
fürchtet er sie nicht mehr.

Simone de Beauvoir

Bedingung des Menschseins
Die Freiheit macht das Menschsein zu etwas Einzigartigem, das es verdient, mehr als alles andere geliebt zu werden.

Jeanne Hersch

Menschlich fühlen

Reinigt euer Herz, macht es weit und lasst es alles Menschliche fühlen, anstatt es durch selbstsüchtige Leidenschaften eng zu machen.

Mary Wollstonecraft

Leben braucht Zeit

Lebensmut

Nur Mut, wir werden es schon weiter mit dem Leben aufnehmen, wie es auch kommen mag.

Rosa Luxemburg

Erziehung und Geburt

Erziehung beginnt nicht beim Neugeborenen, sondern schon vor der Geburt.

Clara Zetkin

Jugend

Die Jugend ist der ewig lebendige Jungbrunnen der Frische und Kraft für die Erwachsenen.

Clara Zetkin

Alter

Vielleicht misst Gott unsere Schmerzen und Arbeiten an den Kräften unserer Jugend, und vielleicht ist eine Zeit dafür bestimmt sich von den Anstrengungen der Vergangenheit auszuruhen und sie zu genießen.

George Sand

Ruhestand

Das Ich sollte wie ein Schwamm
sein, der das aufsaugt,
was er empfängt.
Indem man das sein ganzes Leben
lang tut, bereitet man sich
auf den Ruhestand vor.

Jeanne Hersch

Tod als Wächter des Augenblicks

Wenn es den Tod nicht gäbe,
wären alle Augenblicke im Leben
austauschbar.
So aber ist jeder Augenblick
einmalig.

Jeanne Hersch

?osen des Lebens

Venn du stirbst
st der Tod das Ende,
:einer fragt mehr nach dir
ınd in niemandes Erinnerung
virst du weiterleben,
veil du nie teilhattest
ın den Rosen des Lebens –
m Haus des Hades
virst du nur ein Schatten sein
n der Mitte des Windes –
m Nichts.

Sappho

Der Tod als Seelenband
Der Tod ist ein
chemischer Prozess,
eine Scheidung der Kräfte,
aber kein Vernichter;
er zerreißt das Band
zwischen mir und
ähnlichen Seelen nicht.

Karoline von Günderod

Unendlichkeit der Zeit
Die Unendlichkeit der Zeit und
des Raumes
trennen uns von Gott.

Simone We

Sinnsuche

Wie kann man weiterleben, wenn
man nichts mehr von sich zu
erhoffen hat?

Simone de Beauvoir

Zeit

Die Gewalt der Zeit
zerreißt die Seele;
durch den Riss
dringt die Ewigkeit ein.
Sich der Zeit entziehen,
bedeutet Sünde.

Simone Weil

Eilige Zeit

Unsere Zeit geht auf Erden eilig
und eng ist der Ring gelegt,
doch er, unwandelbar ewig,
bleibt: ohne Namen,
ein Freund jedes Poeten.

Anna Achmatowa

Prophezeiung

Prophezeiung ist Sinn
für die Zukunft.

Karoline von Günderode

Hoffnung leben

Aus jedem Atom Schweigen kann
eine reife Frucht hervorgehen.

Simone de Beauvoir

Zerfließen in der Zeit

Die Menschen sind es gewohnt,
mit Hilfe der vergehenden Zeit
zu leben, obwohl sie sich
darüber beklagen.
Ohne dieses Zerfließen könnten
sie nicht leben.

Jeanne Hersch

Vergangenheit

Ohne ein Gefühl für die
Vergangenheit zu sein,
heißt das eigene Selbst,
die eigene Identität zu verlieren,
denn wer wir sind,
offenbart sich in den Geschichten,
die wir von uns erzählen
und von unserer Welt,
die wir mit anderen teilen.

Seyla Benhabib

Frühling

Frühling ist das einzige, was man nie satt kriegt, solange man lebt.

Rosa Luxemburg

Tote Materie

Das Leben ist ein Vorgang, der überall das Beständige aufbraucht, es abträgt und verschwinden lässt, bis schließlich tote Materie zurückfindet in den alles umfassenden ungeheuren Kreislauf der Natur.

Hannah Arendt

Namensverzeichnis

Anna Achmatowa (1889-1966),
russische Lyrikerin und Philosophin, studierte Literaturgeschichte und Philosophie, sie schrieb mit 11 Jahren ihr erstes Gedicht. 1914 erschien ihr Gedichtband „Rosenkranz", dem internationale Anerkennung zuteil wurde. Ihr Hauptwerk ist das „Poem ohne Held".

Hannah Arendt (1906-1975),
studierte Philosophie bei Martin Heidegger, in den sie sich mit 18 Jahren verliebte. Während der Zeit des Nationalsozialismus verließ sie Deutschland und wurde Professorin in den USA. Ihr wichtigstes Werk heißt „Vita activa oder Vom tätigen Leben".

Teresa von Avila (1515-1582),
spanische Mystikerin und Philosophin, war Nonne. Sie engagierte sich in der Reformbewegung der spanischen Klöster. Ihre philosophischen Themen waren Liebe, Hass, Einsamkeit und Tugenden.

Elisabeth Badinter (geb. 1944),
französische Philosophin und Schriftstellerin, lehrt in Paris Philosophie und Psychologie. Sie beschäftigt sich besonders mit den Beziehungen der Geschlechter. In Deutschland wurde vor allem ihr Buch „Ich bin Du“ bekannt.

Gertrud Bäumer (1873-1954),
deutsche Philosophin und Frauenrechtlerin, publizierte auf sehr vielen Gebieten des gesellschaftlichen Lebens. Zu ihren wichtigsten philosophischen Schriften

gehört „Die Frau und das geistige Leben", in der sie das ewig Weibliche als Gegenpol zum Männerstaat hervorhebt.

Simone de Beauvoir (1908-1986), französische Philosophin, Schriftstellerin und Frauenrechtlerin, studierte an der Sorbonne Philosophie, wo sie auch ihren Lebensgefährten Jean-Paul Sartre kennenlernte, mit dem sie nie eine gemeinsame Wohnung teilte. Zu ihren philosophischen Themen gehören Reflexionen über die Zeit, das Alter und die Beziehungen zwischen den Geschlechtern. International berühmt wurde Simone de Beauvoir mit dem Buch „Das andere Geschlecht".

Seyla Benhabib (geb. 1950), türkisch-amerikanische Philosophin, wurde in Istanbul geboren und lehrt in den

USA Philosophie. Ihre Forschungsschwerpunkte sind feministische Theorie und Ethik. In Deutschland wurde vor allem ihr Buch „Kritik, Norm und Utopie" bekannt.

Hildegard von Bingen (1098-1179), deutsche Mystikerin und Philosophin, erhielt eine gute Ausbildung in Latein, Theologie und Philosophie und legte 1113 ihr Gelübde als Nonne ab. Bald darauf leitete sie bis zu ihrem Tod 1179 das Frauenkloster auf dem Rupersberg bei Bingen. In ihrem „Buch der Lebensverdienste" charakterisiert sie verschiedene Tugenden wie Barmherzigkeit und Gerechtigkeit.

Margaret Cavendish (1623-1673), englische Philosophin, wurde mit 20 Jahren Hofdame bei der englischen Königin Henriette und heiratete den

30 Jahre älteren Herzog William Cavendish, der ihre philosophischen Ambitionen ein Leben lang förderte. Sie veröffentlichte Schriften auf dem Gebiet der Naturphilosophie.

Emilie du Châtelet (1706-1749), französische Philosophin und Mathematikerin, lebte eine Zeitlang mit dem französischen Philosophen Voltaire zusammen. Ihre philosophischen Themen waren Metaphysik und philosophische Reflexionen über die Naturwissenschaften. Ihr Hauptwerk heißt „Institutions physiques".

Sophie Germain (1776-1831), französische Philosophin und Mathematikerin, las bereits mit 13 Jahren Bücher von Newton, die sie in der Bibliothek ihres Vaters entdeckte. Da ihr als Frau der

Zugang zur Universität verwehrt wurde, musste sie ihre mathematischen und philosophischen Studien unter einem männlichen Pseudonym veröffentlichen.

Carol Gilligan (geb. 1949), amerikanische Psychologin und Philosophin, war Mitarbeiterin des amerikanischen Psychologen und Philosophen Laurence Kohlberg, der als Begründer des Stufenmodells moralischer Entwicklung gilt. Gilligan beschäftigt sich vor allem mit Ethik. Ihr bekanntestes Buch heißt „Die andere Stimme", in dem sie ihre empirischen Forschungsergebnisse moralischer Entwicklung von Jungen und Mädchen auswertet.

Claire Goll (1891-1977),
deutsche Publizistin und Philosophin, wurde in einer jüdischen Kaufmannsfamilie in Nürnberg geboren und ging nach einer kurzen Ehe nach Paris. Dort heiratete sie den Publizisten Yvan Goll. Zu ihren wichtigsten philosophischen Arbeiten gehören „Die Frauen erwachen“ und „Jedes Opfer tötet seinen Mörder“.

Olympe de Gouges (1748-1793),
französische Philosophin und Frauenrechtlerin, musste als Sechzehnjährige eine von ihr nicht gewollte Ehe schließen, die nur zwei Jahre dauerte. Nach dem plötzlichen Tod ihres wesentlich älteren Mannes ging sie 1766 mit ihrem Sohn Pierre nach Paris, wo sie publizistisch tätig war.
Ihr wichtigstes Werk war 1789 die „Erklärung der Rechte der Frau und

Bürgerin". Darin forderte sie erstmals gleiche Rechte und Pflichten für Männer und Frauen.

Karoline von Günderode (1780-1806), deutsche Schriftstellerin und Philosophin, musste nach dem frühen Tod des Vaters in ein Damenstift nach Frankfurt ziehen. Sie durfte wenig Besuch empfangen und studierte Philosophie als Autodidaktin. Wegen ihrer unglücklichen Liebe zu dem Altertumsforscher Friedrich Creuzer nahm sie sich das Leben. Bekannt wurde sie mit dem Buch „Der Schatten eines Traumes".

Agnes Heller (geb. 1929), ungarische Philosophin, in Budapest geboren, wo sie Philosophie bei dem Ästhetiker Georg Lukács studierte. Sie lebt zurzeit in den USA und beschäftigt sich vor allem mit einer Ethik der Gefühle. In Deutschland wurde ihr Buch „Ist die Moderne lebensfähig?“ ein großer Erfolg.

Jeanne Hersch (1910-1998),
Schweizer Philosophin, studierte in Paris und Freiburg Philosophie und war Schülerin des Philosophen Karl Jaspers. Von 1966-68 leitete sie als Direktorin die Abteilung Philosophie der UNESCO.
Sie erhielt zahlreiche internationale Auszeichnungen, z.B. den Preis der Menschenrechtsliga.
Ihre philosophischen Themen waren u.a. Gerechtigkeit und Menschenrechte, die sie in den Büchern „Philosophisches Staunen“ und „Schwierige Freiheit, Gespräche mit Jeanne Hersch“ ausführlich darlegte.

Cornelia Klinger (geb. 1953),
österreichische Philosophin, studierte Philosophie und gehörte einige Jahre dem Vorstand der „Internationalen Assoziation von Philosophinnen“ an.

Sarah Kofmann (1934-1994),
französische Philosophin, war die Tochter eines Rabbiners, der in Auschwitz ermordet wurde. Das Schicksal des Vaters trug dazu bei, dass die Themen Gewalt, Sterben und Tod in ihren Werken eine große Rolle spielen. Ihr wichtigstes Buch heißt „Melancholie der Kunst“.

Alexandra Kollontaj (1872-1952),
russische Revolutionärin und Philosophin, studierte in St. Petersburg und Zürich Philosophie und engagierte sich in philosophischen Emigranten-Zirkeln.

Nach 1917 war sie für kurze Zeit Volkskommissarin in Lenins Kabinett, ging jedoch später ins Exil nach Mexiko. Ihr wichtigstes Thema war die freie Liebe zwischen den Geschlechtern.

Eleonore Kühn (1878-1955)
deutsche Philosophin und Publizistin, studierte Philosophie und promovierte über das Problem der ästhetischen Autonomie. Sie gehört zu den Gründungsmitgliedern der Deutschen Philosophischen Gesellschaft. Ihr wichtigstes Buch heißt „Schöpferisches Leben".

Gertrud von Le Fort (1876-1971), deutsche Dichterin und Philosophin, arbeitete nach dem Studium der Philosophie und Literatur hauptsächlich auf publizistischem Gebiet. Ihre wichtigsten

Themen waren Gerechtigkeit und Religion. Bekannt wurde sie mit ihrer Erzählung „Die Letzte am Schafott".

Rosa Luxemburg (1871-1919), deutsch-polnische Philosophin und Politikerin, studierte in Zürich Philosophie, Ökonomie und Recht. Nach der Promotion arbeitete sie als Lehrerin und Journalistin. 1919 wurde sie gemeinsam mit Karl Liebknecht von einer Marine-Eskadron ermordet.
Zu ihren philosophischen Themen gehörten Freiheit und Fragen der Ästhetik, die sie in ihren „Schriften über Kunst und Literatur" charakterisiert hat.

Mechthild von Magdeburg, (ca. 1212-1283), deutsche Mystikerin und Philosophin, erhielt bereits als Kind eine umfassende philosophische Bildung. Um 1230 entschied sie sich, ins Kloster St. Agnes bei Magdeburg einzutreten. In ihrem Buch „Das fließende Licht der Gottheit" beschäftigt sie sich neben religiösen Themen vor allem mit den verschiedenen Formen der Liebe.

Luisa Muraro (geb. 1940),
italienische Philosophin, wurde in einer Familie mit 11 Kindern geboren. Nach dem Studium der Philosophie begann sie eine universitäre Laufbahn als Professorin. In Deutschland wurde sie vor allem mit dem Buch „Die symbolische Ordnung der Mutter" bekannt, in dem die Frage der weiblichen Abstammungslinien aufgegriffen wird.

Martha Nussbaum (geb. 1949), amerikanische Philosophin, lehrt in den USA Philosophie. Sie hat vor allem den ethischen Wert der moralischen Gefühle wieder entdeckt, der von Philosophen des 18. und 19. Jahrhunderts wie David Hume und Mary Wollstonecraft hervorgehoben wurde. Zu ihren interessantesten Schriften gehört das Buch „Konstruktion der Liebe, des Begehrens und der Fürsorge“.

Periktyone (ca. 4./3. Jahrhundert v. Chr.), griechische Philosophin, gehörte zum Kreis der Pythagoreerinnen, einer Vereinigung von Männern und Frauen, in der bewusst philosophiert wurde.
Ihre Schrift „Über die Harmonie der Frau“, ist in Fragmenten erhalten geblieben.

Louise Otto-Peters (1819-1895)
deutsche Frauenrechtlerin, Philosophin und Schriftstellerin, gab eine eigene Frauenzeitung heraus und gründete 1865 zusammen mit anderen Frauen den Allgemeinen Deutschen Frauenverein, dessen erste Vorsitzende sie bis 1892 blieb. Internationale Anerkennung erhielt vor allem ihre Schrift „Das Recht der Frauen auf Erwerb“. Darin fordert sie die Gleichberechtigung der Geschlechter in Beruf und Familie.

Annemarie Pieper (geb. 1941)
deutsche Philosophin, lehrte bis 2000 Philosophie an der Universität von Basel. Sie ist Mitbegründerin der philosophischen Forschungsrichtung „Feministische Ethik“ und veröffentlichte u.a. das Buch „Der Aufstand des stillgelegten Geschlechts“.

Christine de Pizan (1365-1430),
italienisch-französische Philosophin und Schriftstellerin, wurde als Tochter eines italienischen Philosophen und Astronomen in Venedig geboren. Mit 16 Jahren heiratete sie einen zehn Jahre älteren Notar und wurde mit 25 Jahren mittellose Witwe. Als erster Berufsschriftstellerin und Philosophin des Mittelalters gelang es ihr, von dem Erlös ihrer Bücher zu leben. Sie schrieb ca. 15 Werke; das bekannteste ist „Die Stadt der Frauen". Darin entwirft sie eine gerechte Gesellschaft, in der die Tugenden Vernunft, Rechtschaffenheit und Gerechtigkeit von Frauen verkörpert werden.

George Sand (1804-1876),
französische Schriftstellerin und Frauenrechtlerin, hinterließ 109 Bände litera-

rischen und philosophischen Schaffens. Berühmt wurde sie vor allem durch ihre Liebe zu Frédéric Chopin. Zu ihren philosophischen Themen gehörten die Rechte der Frau und die Gleichberechtigung der Geschlechter.

Sappho (geb. im 6. Jahrhundert v. Chr.), griechische Dichterin und Philosophin, gründete auf der Insel Lesbos eine philosophische Akademie für Mädchen; nach dieser Insel wurde auch die lesbische Liebe benannt, die Sappho in nicht überlieferten Gedichten besungen haben soll. Ihre philosophischen Themen waren die Liebe sowie die Mutter- und Tochterbeziehung.

Judith N. Shklar (1928-1992), lettisch-amerikanische Philosophin, wurde in Riga geboren und emigrierte als Jugendliche mit ihren Eltern in die USA. Sie lehrte dort politische Philosophie. Ihre Forschungsschwerpunkte waren Gerechtigkeitstheorien, Bürgerrechte und der Schutz von ethnischen Minderheiten, die sie in ihrem Buch „Über Ungerechtigkeit" zusammenfasste.

Katharina von Siena (1347-1380), italienische Philosophin und Mystikerin, gründete einen Kreis von Mönchen und Nonnen, die ihr Leben der Pflege von Armen und Kranken widmeten. Sie trat für eine Reform der Kirche ein und wurde 1461 heilig gesprochen. Ihre philosophischen Themen sind neben Barmherzigkeit und Nächstenliebe der freie Wille und die

Moralerziehung. Ihr wichtigstes Werk trägt den Titel „Das Gespräch von Gottes Vorhersehung".

Germaine de Staël (1766-1817), französische Philosophin und Schriftstellerin, war als Tochter eines Schweizer Bankiers unter Ludwig XVI zeit ihres Lebens finanziell unabhängig. Durch die Heirat mit dem älteren Baron und schwedischen Botschafter de Staël-Holstein gelangte sie zu politischem Ansehen. Zu ihren wichtigsten philosophischen Themen gehörten die Emanzipation der Frau, Reflexionen über Krieg und Frieden sowie moralische Werte. Berühmt wurde Madame de Staël schon zu Lebzeiten durch die Veröffentlichung ihres Buches „Über Deutschland".

Edith Stein (1891-1942),
deutsch-jüdische Philosophin, promovierte bei dem Philosophen Edmund Husserl, der ihr als Frau die Habilitation verweigerte. Sie wurde 1933 trotz ihrer jüdischen Herkunft Nonne und veröffentlichte u.a. das Buch „Endliches und unendliches Sein". 1942 wurde sie nach Auschwitz deportiert und gilt seitdem als verschollen.

Elfriede Walesca Tielsch (1910-1993),
deutsche Philosophin und Juristin, gründete 1974 die Internationale Assoziation der Philosophinnen (IAPh) und war deren langjährige Vorsitzende. Zu ihren wichtigsten philosophischen Themen gehörten Philosophie- und Rechtsgeschichte, Ethik und antike Studien.

Rahel Varnhagen von Ense (1771-1833), deutsche Philosophin und Publizistin, führte bereits als junge Frau einen philosophisch-literarischen Salon, in dem sich Persönlichkeiten des Berliner Geisteslebens trafen, wie z.B. die Philosophen Alexander von Humboldt und Friedrich Schleiermacher. Varnhagens philosophische Themen waren Gerechtigkeit und Toleranz sowie Reflexionen über Kunst und Liebe.

Simone Weil (1909-1943), französische Philosophin, arbeitete nach dem Studium als Lehrerin für Philosophie. Schon bald erhielt sie den Beinamen „Rote Jungfrau", weil sie an der Spitze von Arbeiterdemonstrationen mit der roten Fahne marschierte. Ihr bekanntestes Buch heißt „Unterdrückung und Freiheit".

Ursula Wolf (geb. 1949),
deutsche Philosophin, lehrt Philosophie in Berlin. Ihre wichtigsten Forschungsschwerpunkte sind Wissenschaftstheorie und Ethik, insbesondere Tierethik. Viel diskutiert wurde ihr Buch „Das Problem des moralischen Sollens".

Mary Wollstonecraft (1759-1797),
englische Philosophin, war schon zu Lebzeiten eine berühmte Philosophin in England. 1792 erschien ihre Schrift „Eine Verteidigung der Rechte der Frau". Erstmals stand hier die Erziehung als Motor für eine Gleichstellung der Geschlechter im Mittelpunkt philosophischer Reflexion. Mary Wollstonecraft konnte ihre Schrift „Über das Mitgefühl" nicht beenden. Sie starb bei der Geburt ihrer Tochter.

Clara Zetkin (1857-1933),
deutsche Politikerin und feministische Theoretikerin, lebte mit dem russischen Emigranten Ossip Zetkin zusammen und nahm seinen Namen an, ohne mit ihm verheiratet zu sein. Sie gilt als die Begründerin des Internationalen Frauentages am 8. März. Ihre wichtigsten Themen waren Erziehung und Bildung, Gleichberechtigung der Geschlechter und Frauenarbeit. Ihre Schrift „Über Jugenderziehung" wurde bereits nach ihrem Erscheinen 1905 heftig diskutiert.